Und edz amol frängisch

AF272489

Für meinen Mann,
dem wertvollsten Menschen in meinem Leben.
Für meine Kinder, Schwiegerkinder
und Enkelkinder, die mir alle sehr viel
Freude bereiten.

Und edz amol frängisch

Wie mer der Schnobl gwaxn is

Gedichdli von Maya
Kandlbinder

Titelbild mit freundlicher Genehmigung
nach einem Aquarell von Friedrich Grauf
Tel. 0 98 28/3 90

Herstellung und Verlag: Books on Demand GmbH
Norderstedt
info@bod.de

ISBN: 978-3-8391-4146-5

Inhalt

Vorwort

Liebe Leserinnen und Leser,

nach reiflicher Überlegung und auf vielfachen Wunsch
habe ich mich nun doch aufgerafft und einmal meine
Gedichte in fränkischer Mundart geschrieben. Das ist
gar nicht so einfach. Wie Sie ja sicher wissen, wird in
fast jedem fränkischem Dorf, Städtchen oder Gebiet
etwas anders gesprochen.
Daher habe ich mich entschlossen, meine Gedichte
einfach so zu schreiben „wie mer der Schnobl gwaxn
is"!
Es ist hauptsächlich Windsbacherisch, weil ich da
aufgewachsen bin, und ein bisschen Ansbacherisch. Ich
habe absichtlich nichts beschönigt oder ein
„geschliffenes" fränkisch gewählt, weil entweder
schreib ich fränkisch oder gleich schriftdeutsch!

Ich wünsche Ihnen nun recht viel Spaß beim Lesen und
hoffe, dass Sie meine fränkische (fürchterlich-schöne)
Sprache verstehen!

Mit einem fränkischen „ adee"

grüßt Sie freundlichst

Ihre Maya

A lusdiche Oma

Neili had di Oma Gebodsdooch ghabd,
do is glei di ganz Familie odrabd.
Wall, des wor nämli a runder
und unser Oma is scho nu rechd munder!

Seidem is di Oma immer su lusdi und fro.
Also friher wor des fei gorned a so.
Eichendli is suwos ja richdi schee,
bloß su arch konnis ned verschdee.

I hob dera Sach also ned rechd draud,
drum hob i hamli in ihrn Schrank neigschaud.
Flaschnweis wor er do, der Beweis:
A Glosderfrau- Melissngeisd!

Denn hads nämli zun Gebodsdooch griechd
und si wohrscheinli all Dooch dru vergniechd.
Der Oma hob i gern glassn ihr Freid
und bis edzerla a nuni bereid!

A weng zweng Geld

Vom Geld, do had jeder a weng zweng,
wall di Finanzn hald su eng.
Su wies kummd, su gedds glei naus
und mir lehm fei ned in Saus und Braus!

I mecherd ner wissen wie des gedd,
ob des woll ebber su verschdedd?
A weng mehr Geld wemmer su häddn dädn,
des schooderd gornix, weddn?!

Affn Chrisdkindlersmargd

A su a Chrisdkindlersmargd is fei arch schee!
Drum denna di Leid a gern hiegee.
In der Abfendszeit gibbds de ieberool.
Und di Buudn, de senn rabblvoll,
mid arch vill wunderbora Sachn,
wu a Freid uns Menschn machen.

Di Kinneraung wern immer grässer,
bloß manchmol wass di Mama besser,
bo Schbillzeich, Rauschgoldengl, Lebkuungherzn,
Guudzerli und Weihnachdskerzn,
Kuucheli, Schdernli und nu vill mehr.
Ach, di Auswahl fälld arch schwer!

Ofd find mer di heilige Familie mid Viecher in echd,
als lewendia Gribbm mid Hirdn und Gnechd.
Und firn Hunger und firn Doschd,
gibds Gliehwein, Dee und Wegg mid Woschd!

Lichder und Gsichder schdraahln um di Wedd,
wemmer su durch di Gässli gedd.
Wall su a glanna Weihnachdsschdadd
irgendwie ganz wos zauberhafdes hadd!

Affn Gebodsdooch

Helle Aufrechung im ganzn Haus,
wall heid gibds den Gebodsdoochsschmaus!
Der Hausherr selber feierd heid
und schdiffd a Essn fir di Leid.

Di Verwandschafd is als erschdes do,
nadierli senn do alle froh.
Dann druudln a di andern ei
zu der Gebodsdoochsfeierei.
Su hoggns umern Diesch all rum
und nachn Essn laaberns dumm.

Di Oma kabbld midn Engl,
der Oba globfd si af di Schengl.
Derbei is a a Siemgscheider,
der bild si bsücholgisch weider!
Manche, denni bassd des ned
und waddn drauf, dass der ball gedd.

A Fraa, de is scho gscheid eigschnabbd,
a andrer an der Deggn babbd!
Di Verwandschafd raamd dann ball des Feld.
Ach, es is scho schlimm aff dera Weld!

Der Hausherr und sei ganzn Freind
senn scho gscheid drauri, su wies scheind!
Di halbe Nachd hemms dann nu brauchd,
bis na alles widder dauchd.

Des Fesd wor eichendli scho schee,
es sollerd hald ned su schnell vergeh.

Der Gasdgeber ziechd leis Konsequenzn:
Nächsdn Gebodsdooch dud er schwänzn!

Baggers

Roa Äbirn, Gaggeli und a Budderschmalz,
a grooßa Bfanna, Godd erhalds!
Des brauchd mer fer di Baggers,
wall di Baggers, die hem Schmagges!

Der Daach, der lässd si variiern,
do kommer arch vill ausbrobiern.
Roa Baggers mid an Abflmus,
hach, des is scho a Genuss!
Odder würzi mid an Schbeggsalood
schmeggn di Baggers a rechd gud.

Baggers, de senn hald a Wuchd!
Baggersessn is a Suchd.
Wer ned was wos a Baggers is,
des is a armer Mensch, ganz gwieß!

Bassd scho

Des „bassd scho" is di Euphorie des Frangn.
Mid "bassd scho" demmer si bedangn.
"Bassd scho" grenzd scho fasd an Iebermud.
„Bassd scho", dann geds uns richdi gud.

Du „bassd scho" sächd der Bu zum Maadla,
„Bassd scho" zu ihrn scheena Gladla.
„Bassd scho" wenn es Essn schmeggd.
Mid „bassd scho", do is alles dscheggd.

Der "Bassd-scho-Socherer" sächd einfach alles,
„bassd scho" gild immer, im Fall des Falles.
Bloß wenn's amol hasd: „Des bassd fei nedd!",
mein lieber Mann, dann hasd dei Gfredd!

Dande Kunigund

Morng kummd di Danda midn Zuuch
und des is fei nunni gnuuch.
De bleibd glei a boor Dooch!
Do hämmer widder unser Blooch.

Des is di Dande Kunigund,
wenn's do is, obber do geds rund!
Ieberol maulds umanander,
sexd wos, dann is durchernander!
Beleidichd rauschds glei masdns ab,
mir hämm es Gwerch dann widder ghabbd.

Obber de Danda kummd fei widder!
De is schlimmer wi a Gwidder!
Goddseidang kummds bloß aamol im Johr,
wall äfder, des wär furchderbor!

Der Bloodz

Zwedschgerbloodz und Äbflbloodz,
ja im Herbsd do is wos los!
A guuder Bloodz und a Kaffee,
do lässd mer doch glei alles schdee!

Erndedank und Herbsd ghern zamm.
Des zeidi Obsd drächd mer gern hamm.
Wos der Baam an Frichd dud gehm,
derff im Keller ieberlehm.
In Gläser und in Flaschn,
manchmol sugor in Massn,

Frieher hads di Oma gmachd
und haamli had mer drieber glachd.
Heidzudooch, do is des „in"!
Schließli is ja „Bio" drin!

I glaab, der Grund is woschdegal,
wichdi is aff jedn Fall,
dass mer nix verkumma lässd!
Drum mach i edz den Bloodzess-Desd!

Der Combjuder

Also, der Combjuder is ganz gwieß ka Frange!
Des wor scho glei mei erschder Gedange.
Wall, schreib i su mei Gedichdli nei,
will der immer gscheider sei.
Schmassd mer di Buchschdoom durchernander,
ie glaubs dann widder ananander.

Rood underschdreing dud er a su vill,
der maand gwieß, des is a a scheens Schbiel.
Wenn der immer alles besser wass,
griech i scho ofd amol an Baas!

Der Combjuder is einfach ka Frang!
Leider, oder Goddseidang?

Der Kurberichd

Horch, i bin doch edz hamkumma vo der Kur,
bass ner fei auf und schdell der ner vur:
Bis i do erschd alles gfunna hob
bin i gloffn, fei ofd im Galobb!
Obber dann kennd mer si scho a weng aus,
des is fei scho a scheens, groß Haus.

Di Behandlunga hommer a gud do,
do schdedd mer glei vill besser do.
I hob mi richdi auskurierd
und mi gornemmer su schinierd.
Nach "morgens Fango, abends Dango" hommer glebbd.
Also suwos scheens hobbi nunni derlebbd!

Arch vill Bekanndschafdn hob i a gmachd
und fasd hädd i mer nu an Schaddn uglachd!

A su a Kur is fei scho schee,
do sollersd du a amol hiegee!

Der Schwarzberdrigg

Sunsd amol semmer ins Schwarzber zubfn,
do dud mer so bugglerd im Wald rumhubfn.
I wolld scho ned mied, obber i hob gmissd,
walls hald amol su Sidde is.

Di andern ihr Aamerli worn scho halb voll,
in mein a boor Beerli, no doll!
Zmol is mer a gloreiche Idee su kumma:
I hob einfach a boor Boggerli gnumma,
und hobs undn in mei Aamerla nei.
Omdrauf dann di Schwarzber, ganz einfach fei!

Derham hob i mei Amerla ausleern missn:
Do is soford gfolchd des bießn!
A gscheida Schenders is ieber mi kumma,
zur Schdrof had mer mi glei widder midgnumma,
in Wald naus zum Schwarzber zubfn.
Obber do wor i dann gud im rubfn!

Allmächd hob mi i domols schinierd,
seid selligsmol is mer des nemmer bassierd!
Des Schwarzberzubfn is a färchderlis Gschäfd,
wall mer allawall su bugglerd rumläfd.

Der Zeidbeschiss

Also, als Rendner had mer fei sei Blooch!
Drum hob i edz amol a Frooch:
Warum had allawall der Dooch su weng Schdundn?
De denna mi su schnell umrundn,
dass mer ofd ganz schwindlerd is!
Is des ned a weng Beschiss?

Bis i mi versich, is di Wuchn rum
und schau i dann nu a weng dumm,
is des Johr a scho verbei.
I kumm do nemmer mied, echd fei!

So und edz mechd i amol wissen,
wer bloß i asu beschissn,
odder gedds andra Rendner a asu,
dass des Johr verfliechd im Nu?

I ferchd langsam, mer konn nix machen,
gscheider is drieber zu lachn.
Und genau des hob i ausbrobierd.
Des had fei brima fungdzionierd!

Edz lass i mi gor nemmer dreim,
und di Zeid, de soll glei bleim
doddn wu der Bfeffer wechsd!
Do konns dann renna wi verhexd.

Wu kumm i denn do sunsd nu hie?!
I bin ja schließli Rendneri!

Des frängische Bäggerlied

Am Dunnerschdooch is Feierdooch,
schau ner im Kalender noch.
Do gidds bo uns an Gsundheidskuung,
den Daach du i su gern versuung!

A su a Daach, der is fei fein,
drum schdegg i schnell mein Finger nei.
Wenn a di Mudder sechd ofd naa,
obber brobiern, des muß ja schließli saa.
Und jedsmol fälld mer bo der Baggerei,
des frängische Bäggerlied glei ei:

So ein Daach, so wunderschön wie heude,
so ein Daach, der dürfde nie vergeehn.
So ein Kuung, auf den ich mich so freude,
sollerd ofd aff unserm Diesch rumschdeeh!

Kenna sie des a?
Na? Obber edzerla!

Di Kerwa

Unser Kerwa werd immer a Fesd,
do gibds fei jedsmol bloß des Besd.
Schließli is di Kerwa bloß amol im Johr,
daß mer do feierd is ja woll glor.
Vo Freidoch bis Mondoch durchgfeierd werd,
su wi sis fer a gscheida Kerwa gherd.

Brodwerschd mid Graud und a Schweinis derzu,
do wern ganze Haufn verbudzd im Nu.
Und di Kiechli, dee senn erschd guud,
wemmers frisch zum Kaffee essn dud!

Di Junga genna ins Werdshaus zum Danzn,
a di Aldn wolln a weng schdrawanzn.
Der Sunndochnamidooch der Familie gherd.
Do wern alle afn Kerwabladz zerrd.

Karussellfohrn is des hächsd fer di Glann.
Obber dann, obber dann!
Schiffschaugl fohrn und a Herd Lose kaafn,
kreiz und quer iebern Kerwabladz laafn.

Do a wenig fohrn, do a wenig fliegn,
mer konn fasd gornemmer gnuuch dervu grieng.
Naa song fälld scho unheimli schwer.
Doch irgendwann is ball der Geldbeidl leer!

Obber wos dud mer ned alles, dass di Kerwa werd
schee,
des werd ja woll nu a jeder verschdee!
Di Kerwa is ja schließli bloß amol im Johr.
Und do gedds immer su zu, fei wohr!

Di Robbern

Im Hufegg schdedd a alda Robbern.
Allmächd, des is villeichd a Bobbern!

Fährd der Bauer Äbirn rum,
werderi des ball zu dumm.
Genausu mid di Holzscheidli,
do is glei furchdbor uuleidli.
Ganz woschd, wos der Bauer fährd:
Bobberd wärd, bobberd wärd!

Der Bauer, der is ganz schee gloodn
und scheißdes zamm nach Schdrich und Foodn.

Horch amol zu, du alda Robbern!
Wennsd edz ned aufhärsd es bobbern,
sedz i di ganz schnell vur di Dier
und Schubkarrn sooch i a zu dir!

So, des had gwirgd! Und wie!
Di Robbern griechd ganz waacha Gnie.
Nausschmaaßn? Na! Und a nu Schubkarrn song!
Suwos konn a schdolza Robbern ned erdroong.

Su hadd ser si hald bsunna
und in Bauern widder gwunna.
Ab soford duds nie mehr bobbern,
di schlaue, alde Robbern!

Di Schnebfn

Also glabbsd, i bin doch ganz gwieß dolerand,
obber su wos, obber su wos is fei scho allerhand!

Wos denn?

I wor neili in meiner Medzgerei,
do wor vur mir a richdia Schnebfn fei.
Bis de ihr boor Zibfeli Woschd kaffd had,
hemm andera gfeschberd und senn sadd!
Nach an jedn Gramm Fedd hads gfroochd
und di Verkeiferi haddseri hald gsochd.
Obber gnervd hadd di Schnebfn scho all di Leid,
wall de wor a nu su furchdbor gscheid!
Dreimol derfd roodn, wos des fer anna wor.

Du, i glaab des waß i sogoor.

Jawoll, a Breisi wors, a ausgwachsna
und arch eibild wors derzu nu aa!
Du, i woor der villeichd gloodn
a sedda brauchsd vur dir im Loodn!

Horch, des konn i guud verschdee,
mir däds ganz gwieß genausu geh.
Obber edz reechsd di widder ab,
sunnsd hasd fei amol Nervn ghabbd.
Es gibbd hald ieberol sedda und sedda
und des wor hald mol a bsondera Sedda!

Do hasd reechd!

Di Summerblooch

Also, aans is sicher, aans is gwieß,
dass widder a mol Summer is.
Di Fensder senn voll Muggerschiss,
i find des immer richdi fies!

Und erschd nu in der Schloofschdumm!
Do fliechd a frecher Schnoog rum.
Der machd mi mid sein Rumgesumm
ferchderli ferdi und ganz dumm!

Den Muggerbadscher nebern Bedd
find i ieberhaubd ned nedd!
Im Finsdern, ja do sixdn ned
und machsd a Lichd, no findsn ned!

Obber wennin mol derwischn du,
dann schlooch i obber richdi zu!
Villeichd is dann amol a Ruh.
Ach ja, im Summer gedds hald mol su zu.

Diedn- Dialoch

Hasd du do a Diedn do ?

Frali hob i a Diedn do!

Wadd a mol, i holl ders glei,
Wos dusd no in di Diedn nei?

Do, des Zeich wu do am Diesch rumlichd.

Also su wi ich des sich,
langd der do a Diedn ned.

Maandsd du woll, do hobb i a Gfredd?
Hasd dann wengsd zwa Diedn do?

Frali hob i zwa Diedn do.

No, do bin i ober fro!

Es Bfiffersuung

Auf gedds ins Bfiffersuung weid naus in Wald,
wenn's feichd is und a ned su kald.
Ihr Blädzli kenna scho di Leid
und homm derbei di gressda Freid.

Di Bfifferblädz sen schdreng geheim,
mer will ja schließli erschder sei!
Voll Schdolz bringd mer di Beude ham
und zilld di ganzn Bfiffer zam.

A Fliegnbilz is a derbei,
denn schmassd mer glei in Aamer nei.
Obber di andern missdn bassn!
Dann dud mer si a Herz scho fassn
und kochd a rechd guds Bfifferessn.
Di Gfohr dud mer ganz schnell vergessn.

Goddseidang wor alles richdi,
wall Bfiffer kenna, des is wichdi!
Und wemmer Bfiffer mooch und kennd,
mer di Bfifferzeid niemols verbennd.
Geern machd mer si do aff die Soggn,
wenn Gelberli und Schdaabilz loggn!

Es Blädzlibaggn

Blädzlibaggn mid di Kinner,
wer is der echdiche Gewinner?
Di Kichn is, des is doch gloor!
Jo, des is fei wergli wohr.
Der Daach, ja der babbd ieberool,
bloß do ned, wu er babbn soll.

Obber di Kinner häm di gräßde Freid:
Endli had di Mama Zeid!
Ganz noodwendi und voller Schdolz,
mid Ausschdecherli und Werglholz
werd si iebern Daach hergmachd.
Der wird glei ganz vo selber flach!

Herzli, Schdernli noch und nöcher,
leechd mer sche sauber aff di Blecher.
Wenn amol Blädzli ned su bassn,
deffmers nadierli sofodd vernaschn!

Ach, senn de heier widder guud,
grood wallmers selber baggn dud!
Und mer bild si ieberhaubd nix ei,
di „weldbesdn" Blädzli senn des fei!

Es Hobfmbloodn

Hobfmbloodn, hobfmbloodn,
ach, des is ned zum dersoong.
Bis di Sägg am Woong aufgloodn,
muß mer si scho richdi bloong!

Do hoggd mer su am Agger rum,
aff Hoggerli und Kisdn,
zubfd si dämli und ganz grumm
und kummd arch schnell ins Schwidzn.

Di Hobfmrangn ba di Fieß
zubfd mer di Körb mid Doldn voll.
Und jeder waß su haamli gwieß:
Des Hobfmbloodn is ned doll!

Ohmds duds numol wos zum Essn gehm!
Di Beieri had wos ganz guuds kochd.
Suwos, na suwos muß mer echd derlehm,
des wirgd ned, wemmers sochd!

Am Diesch hoggd mer su baanander
ba an guudn Essn.
Und jeder, aaner wie der ander
dud di Gemeinschafd ned vergessn!

Su wors frieher! Frieher wors fei wergli su.
Als Maadla hobis nu erlebbd.
Heidzudooch gedds andersch zu,
walls einfach schneller gedd.

Scho lang is des bloocherd Bloodn rum.
Ja, di Dechnig wemmer hald ned häddn!
Mir hoggerdn nu all am Agger rum!
Do drau ie mir fei weddn!

Es Wedder

Allmächd na, schau ner mol zum Fensder naus,
is su a Wedder ned a Graus?
Des rengd doch wagger scho drei Dooch.
Edz werds fei langsam scho a Blooch!

Di Ägger, de wern immer nässer,
hoffendli werd des ball besser!
Also wos su die Weddermenschn song,
soll ball di Sunna di Wolgn verjoong.

Ja, wer waas, wer waas,
hoffendli werds dann ned widder su haas!

Do kenna mir hald gornix machn,
ob mer edz bobbern odder lachn.
Des miss mer nemma, wies grod kummd,
wenn uns a manchmol der Schedl brummd.

Fedda Kiechli

Heid had di Oma Kiechli baggn.
Im Daach senn lauder gude Sachn.
haamli duds an Schnabs a nei,
bloß, des sollerd ihr Geheimnis sei.

Wies dann had es baggn ogfanga,
bin i sofodd dernehm rumgschdanna.
Wall, bringds amol an Dodschn zam,
ess i denn glei, frisch asn Fedd, nu richdi warm.

Hach, do kennerd i mi debberd essn,
beim Kiechlibaggn konnsd mi gladd vergessn.
Di Warnung vo der Oma schloch i in Wind,
do bin i schwerhered wi a glaans Kind.

Bromd is kumma, wies kumma muß,
ball scho wors gor, midn Genuss!
Schleeechd is mir worn, ganz furchdbor schlechd!
Almächd na, Frein Babedd, allmächd, allmächd.

Goddseidang was i wu di Oma ihrn Schnabs
verschdegd,
denn hob i ja scho lang endeggd.
A Schdamberla wirgd do scho Wunder,
dann bin i masdns widder munder.

Wall i hald ned horch, wos di Oma sechd,
werds mer gladd jedsmol su furchdbor schlechd!

Feierwehrdesd

In unsern Dorf wor Feierwehrfesd,
mid an schdrenga Feierwehrdesd.
A Haus häms vollgschbridzd, badscherdnass,
dernoch hads gehm a Bier vom Fass.

Schbäder ohmd am Feierwehrdanz,
wor a di Resi mid ihrn Franz.
Neun Monad drauf wor widder a Fesd:
Bschdandn wor der Feierwehrdesd!

Frängische Mendalidäd

Grood weecher unserer frängischen Mendalidäd
scho su mancher Fremde ins Schdauna gräd.
Wall unser Mendalidäd dud mer arch schlechd finden,
de is nemli ganz weid hindn!

Und wemmers doch mol gfunna had,
is mer masdns erschd amol bladd.
Unser Mendalidäd is nemli unergrindli,
und ofdmols semmer arch embfindli.

Mer sollerd uns hald nemma wimer senn:
Ohne Obber und ohne Wenn.
Dann kommer mid uns Gail schdilln geh
und brauchd uns ned amol verschdeh!

Des is doch a Vurschlooch, odder ned?
Dann hemmer all es wengsde Gfredd!

Frängischer Karbfm

A frängischer Karbfm, des is doch a Brachd,
wenn er an su vom Deller uulachd!
Baggn und mid räsche Flossn
werder mid an Äbirnsalood gnossn.

Frängischer Karbfm ausn Weiher abgfischd,
regional kummd er frisch affn Disch.
Frängischer Karbfm, der is diee Wuchd!
Aamol gessn, werder zur Suchd!

Frangnschbroch

Unser Franknschbroch is doch einfach schee!
Bloß di Schbroch muß mer verschdee.
De is underschiedli und indressand,
wall, schdreifd mer su durch unser Land
werd ieberol a weng andersch gredd.
Doch Haubdsach is, dass mer uns verschdedd.

Wie der liebe Godd nämli di Schbroch had verdaald,
had uns Frangn des Schigsal eraald.
Mir worn nämli als allerledzde dro
und des wor dann zum Gligg fir uns a so:

Wall mir su anner Schbroch beraubd,
had uns der liebe Godd erlaubd,
mir deffn su redn, wis uns grod gfäld.
Drum is unser Schbroch di schennsd vo der Weld!

Freibooderlebnisse

Lufdmadradzn, Kinner und Schwimmfliegl gnumma
und lusdi im Wasser umanandergschwumma.
Nix schenners gibds ba su anner Hidz,
wemmer immer su furchdbor schwidzd.
Undern Sunnascherm im Freibood drauß,
häld mer suwos grod nu aus.

Bloß, de Idee hämm nu andara ghabd
und senn hald a ins Freibood naus dabbd.
Mein lieber Mann, do sigsd villeichd Gschdaldn,
do muss der Boodozuch fei scho wos haldn!

Ob des Männer senn odder Fraua,
manchmol kommer seine Augn ned draua.
Ofd senn a scheena Figurn derbei,
do schausd geern hie, des glabbsd obber fei!

Su gedd der Dooch im Freibood a rum,
ohmd is mer froh und gscheid hundsgrumm.
Und wenn widder amol su a Hidzn is,
gedd mer ins Freibood, des is gwieß!

Frieher

Frieher, do wor alles schenner.
Frieher, do wor alles glenner.
Frieher hadds di Dande Emma gehm,
an richdin glanna Loodn ehm.

Bei uns im Dorf umd Eggn,
do wor er zu enddeggn.
Griechd hadd mer do fasd alles
und im Fall eines Falles
hadd mer a ooschreim lassn kenna,
wos heidzudooch a nemmer denna.
Di Neiichkeidn hadd mer schnell derfohrn,
wer lebd in Scheidung und wer is gschdorm.
A Audo, des hasd gorned brauchd.
Ja, a su a Dande-Emma-Loodn had scho dauchd!

Ach, frieher, do wor alles schenner.
Frieher, do wor alles glenner.
Ach ja, frieher...!

Fussballschbilln

Fussballbladz und Sunndoochnamiddooch,
des gherd zamm, ganz ohne Frooch!
A weng bolzn und ausbrobiern,
ob di Drix vom Dräner fungdsioniern.

Am Sunndooch is a wichdis Schbill,
wu di Mannschaft gwinna will.
Drum denners fleißi a dräniern,
dass ka Fehler konn bassiern.

Su schnell wi der Sunndooch is kumma,
su sauber hem di unsern gwunna!
Und wall uns des su richdi freid,
feiern mir alle wie ned gscheid!

Also wenn beim Verein su alles bassd,
machd es Fussballschbilln su richdi Schbass.
Und wall mer homm an gudn Dräner,
is doch di Weld glei numol schenner!

Odder ned?!

Gaggeli

A Henna leechd a Gaggela
und ab und zu a manchmol zwa.
Des senn dann obber Gaggeli,
mer issds a gern mol in der Frieh.

Vur Osdern blässd mer Gaggeli aus,
fir an bundn Osderschdrauß.
Di Gaggeli mold mer schee bund o
und hängds dann an di Zweichli dro.
In der Woosn affn Diesch higschdelld:
Der schennsde Osderschdraus der Weld!

Goomelln

In di Abodeeng, do kummd a alda Fraa.   .
Der Abodeecher froochd ganz freindli, ja?

Goomelln breicherdi, biddeschee.

Der Abodeecher konn des ned verschdee.

Was bitte, hätten sie gern?

Ja denna sie a weng schlechd härn?
A Diedla Goomelln breicherdi hald!

Der Abodeecher maand er schdedd im Wald.

Warten sie, ich komm gleich wieder,
sochd er, gedd ins ander Zimmer nieber,
holld si a Verschdärgung her.
Vielleichd was di Kollechin mehr.

Allmächd, i breicherd doch bloß Goomelln,
wos soll i eich denn nu derzälln?!

Ach, meinen sie etwa Kamillenblüte?
Ja, sie bekommen sofort eine Tüte!

Endli wor des Gschäfd edz gloffn,
der Abodeecher ferdi, - ganz bedroffn!
Naa, des frängisch, naa, des verschdedd er nie!
Do wern sei ganzn Nervn hie!

Grillfeiereia

Schmegg, vom Nachbern riechds guud rieber.
Hobb kumm, mir genna nieber!
Der had doch gsochd mir solln ner kumma,
hasd dein Salood edz a midgnumma?

Guud is fei und a arch schee,
obber nocherd missmer geh.
Wall morng hämmer widder su a Gwerch,
do grilld di Frieda und der Gerch.

Su, odder su ähnli gedds im Summer zu,
obber selber gibd mer a ka Ruh.
Des Grilln, des is ganz einfach schee,
des kenna alle Leid verschdeeh.

Und wer sei Handwerk gud verschdedd,
der grilld alles wos grod gedd.
Do issd mer si su greizweis sadd,
Sulang, bis mer gnuuch ball hadd.

Goddseidang gedd der Summer verbei
und gor is mid der Grillerei!
Obber nexds Johr, do werd widder grilld,
des gherd einfach zum Landschaftsbild!

Hiernkäsdlerslöcher

Himml, Orsch und Zwiern,
wos is bloß mid mein Hiern?!
Do wu a Nooma wor is edz a Loch,
i konn mi bsinna wi i mooch.
Und wall mer des ned zwieder is,
wenn i alles su vergess!

Ja und derhamm is a ned besser:
I finn di Löffl bo di Messer,
es Salz füll i mid Zucker auf
und ka Lichd mach i mehr aus.
Worum i gor su olber werr,
i was ned, wu kummd des her?

Drum hob i edz in Dogder gfroochd:
Des is normal, had der su gsochd,
midn Alder kummd des hald, Frau, Frau...?
Edz was i ihrn Nooma ned genau.

Seidem mach i mir nix mehr draus,
sedzd mei Hiernkäsdla mol widder aus!

Iebris Babier

Weihnachdsbroschbegde und aa Kadaloch
kumma in der Abfendszeid fasd alle Dooch.
Der Bosdkasdn is ofd iebervoll
und i was nemmer wu is hiedo soll!

I hobs edz amol aff di Orichd naufgraamd,
daß mer vo di Angebode jo nix versaamd.
Wall alles su wichdi und a furchdbor bressierd
hob is hald doch amol durchschdudierd.
Obber wos i do allawall su sich,
is vill derbei mid blos grooßa Schbrich!

Edz gib is di Kinner zum Kreizli machn
bo ihre Lieblings-Heislsachn.
De homm derbei di grässde Freid
und i hob fir wos anders Zeid.

Bloß der Babierdonna, dera gedds schlechd!
Dee werd gfidderd, allmächd na, allmächd!

Kalda Naundschgerli

Di Mudder schdedd am Herd und kochd,
wi ihr Sohnemann su frochd:

Mama, wos gibbdsn heid Guds zum Essn?

Ach Bu, des konnsd ganz schnell vergessn.
Kalda Naundschgerli und a eigmachda Buuderschdiech.

Also Mama, des is fei a Liech!
Suwos gibbds doch ned in echd,
du liechsd fei obber ganz schee schlechd!
Bidde du mers doch verroodn,
ie riech doch ercherdwie an Broodn.

Naa, heid verood i ieberhaubd gornix,
des langds nu, wenns des Middooch sixd!

Der Bu gedd maulerd in sei Zimmer,
sei Mama gibbd ned noch, fei immer!

Mid kalda Naundschgerli und eigmachda
Buuderschdiech,
had di Mudder widder gsiechd!

Kichnkriech

A Hoofm und a Diechela hom si amol kabbld,
und senn ganz schee am Herd rumgwaggld.
In wos woll des Scheifela am besdn grädd,
su wi si a Scheifela schließli gherd.

Wies no su all zwa hem gschdriedn,
kummd di Bfanna in di Middn.
I glaab, ihr schbinnd a weng, ihr zwaa!
Zum Scheifelibrodn brauchd mer mi allaa!

Der Hoofm und es Diechela worn glei eigschnabbd,
und hemm ihr Deggl hinnerwidder glabbd.
Wennsd uns edz bisd a nu su bäs,
wu drin kochd mer es Gmies und erschd nu di Glääs?!

Su langsam homs dann all kabierd,
dass jeds werd brauchd, wenn's grod bressierd.
Am Herd senns nu a Waal rumgschdanna,
der Hoofm, es Diechela und di Bfanna.

Ladernazuuch

Uufang November gedds widder los,
do genna di Waggeli aff di Schdrooß.

Ladeerne, Ladeerne,
Sonne, Mond und Schdeerne….
Su singa di glann Zwedschgerli
und a di großn singa mid.

Schee in Grubbn, Hand in Hand
drehers all am Schdroßerrand
mid ihr Laderna, denni bundn
um di Heiser ihre Rundn.

Kummers dann am Schdüdzbungd oh,
senn alle gliggli und a froh.
Dann kummd der Belzermärdl aff an Gaul
und die Kinner gorned faul,
denna scheena Liedli singa
und dud der ledzde Don verglinga,
grieng di Kinner sieße Sachn.
Näxds Johr wolln sis widder machen!

Wall midn Ladernazuuch midgeh
findn alle richdi schee!

Liebesverwandlung

Zwiederwoddz und Brodzlhoofn
homm si zufälli mol droffn.
In Brodzlhoofn hadds voll derwischd,
had glei di Zwiederwodzn küssd!

Der Zwiederwoddzn had des gfalln,
lässd glei ihr zwieders Wesn falln.
Der Brodzlhoofn hads asu gmachd
und nemmer brodzld, bloß nu glachd.

Schnell worn si Annamirl und Heini
ieber ihr scheena Hoxerd einig.
Trauzeing worn der Grandniggl
und di Zuchdl in ihrn Kiddl.

Brombd hom ser si a Beischbiel gnumma
und a su bosidiv rumgschbunna!
Edz senn all vier a lusdis Gschbann
wohrscheinli ihr ganz Lebn lang!

Mudderdooch

Am Mudderdooch, am Mudderdooch,
do soll di Mudder hom ka Blooch.
Der Dooch is reservierd fir sie,
mer gibbd si do a rechd vill Mieh.
Di Mudder had di gressde Freid,
wenn amol alle fer sie Zeid.

Vo vorn bis hind dud mers verwehna,
sie derf si hald ned su dru gwehna:
Walls leider bloß a aanzicher Dooch!

 - Und glei dernoch is Vadderdooch!

Rechdschreibreform

Also di Rechdschreibrefom is ja scho a Waal her,
obber mid der Umschdellung du i mi immer nu schwer.
Wall i bin hald nu ebber vom aldn Schlooch
drum is des fir mi scho a weng a Blooch.

Verschdee du is halbi, obber Begreifn scho:
Es wor hald amol ka Erberd do.
Do hem si di Bürogradn wos denkt
und uns di Rechdschreibreform fei gschengd.
Und i schdee edz do mid mein Dalend,
i schreiberds (villeichd), wenn is ner kennd.

Bedduch schreibd mer edz mid d r e i hadde d!
Also des is ja ieberhaubd nemmer schee!
Zum Dib kummd numol a hadds b!
A su a Wor konn i ned su verschdee.
Und ezzala vill ausanandergschriem werd,
wos eigendlich ja zamgschriem gherd.

Leichd gedd des ned nei in mei alds Hirn,
i muss doch asuu scho su vill kabiern.
Drum schreib i brivad im aldn Schdiel weider.
I bin hald amol einfach ned gscheider!

Reengwunsch

Oh, des bißla Reeng
wor obber scho a weng weng!
A Bauerndredzer ehm.

Di Bflanzn missns bießn,
edz missmer widder gießn.
Des is hald gornix geechern Reeng,
ieber Nachd an Landreeng ehm.

Vielleichd kummd ja a a Gwidder,
meldn denners sis scho widder.
Bloß, an Bladzreeng braung mer ned,
hindnoch hemmer widder su a Gfredd!
Einfach an scheena Reeng,
ned su arch und ned zu weng.
A Summerrechela ehm.

Rood-weißa Gedangn

Rood-weiß is unser Wabbn.
Rood-weiß senn drin di Zaggn.
Und des is unser Rechn,
domid derschregg mer gern di Frechn.

Rood-weiß is unser Flaggn,
rood-weiß hasd, dass mers baggn.
Di Aufgohm su af dera Weld,
de fer uns Frangn hald senn gschdelld.

Rood-weiß senn unser Farm,
rood-weiß und uns werds warm,
wenn mir su unser Farm uuschaua,
dud des uns Frangn arch erbaua.

Rood-weiß senn unser Fehnli
Rood-weiß is gorned gwehnli,
wall nemli bloß mir Frangn,
homm su ieberzwerchera Gedangn.

Drum demmer unsern Herrgodd dangn,
fir uns, des Heifla Frangn!

Runzldaduu

Hasd du mei neis Daduu scho gsehng?

Na, is di Schdecherei scho gscheng?

Frali, schau, is des ned schee des Viech?

Allmächd, des wär obber nix fir mich!

Worum? Gfälld der des Bild gwieß ned?

Jo, jo! I deng bloß schbäder an des Gfredd,
wall irgendwann hasd ja amol Faldn,
do konnsi des scheene Bild doch nemmer endfaldn.
Dann werd des fei a Runzlbild!
Also, i find des na nemmer su wild.

Mach der ner um miech ka Sorng,
i hob scho gsorchd fer übermorng.
Do verkaaf i mi deier an a Galerie!
Des midn Runzlbild, des bin dann i.
Und alle Leid schaua bloß mi nu o,
wecher mein scheena Daduu do do!

Schdammdieschbolidig

Di Mannsbilder hoggn im Werdshaus drin
und hem di Bolidig im Sinn.
Denna schdreidn und dischgeriern,
und derbei vill Bier konsumiern.

In aan, do senn si alle einich,
di Bolidig, di ghered greinichd!
Jeder däd alles besser kenna,
obber kaaner will si es Maul verbrenna!

Es Bier ausdrungn und hammganga werd,
wi sis fir an bravn Bürcher gherd.
Und am Sunndoch nach der Kerch,
gidds am Schdammdiesch widder a Gwerch.

Schneggnblooch

Morgn frieh geh i ganz ball in mein Gardn,
do muß di ander Erberd amol wardn.

Di Naggdschneggn fressn mein ganzn Salood!
Do gibds bloß a Andword und di haßd Dood!
Bewaffned mid mein Mordinschdrumend,
binn i ebber, wu ka Gnade kennd!

Bis di Schneggn wos mergn, is scho bassierd.
Do kill i „frei Haus" ganz unschinierd.
Wall, i bin nemli gorned allaa,
des machn di andern Leid fei a!

Der Salood is schließli fer uns zun Essn
und ka Fudder fir di Schneggn zun Fressn!
Drum bloos mer all Summer des „Halalie"
und machen alle Naggdschneggn hie!

Su genga di Gäng

Ja, ja, su genga di Gäng,
di Braad und di Läng.
Su sinniern mir iebers Lehm,
richdi brav und goddergehm.
Wemmer widder mol ned wissen,
worum fasd alles su beschissn.

Ja, ja, su genga di Gäng,
di Braad und di Läng.
Des Schbrichla hassd bei uns in Frangn,
mir machen si arch vill Gedangn.
Domid is a scho alles gredd,
wos jeder Frang sofodd verschdedd!

Ja, ja, su genga di Gäng,
di Braad und di Läng!

Verdrähda Weld

Also aufreeng kennd ie mi allawall ferchderli!
I frooch mi bloß, wu fiehrd des nu hie?

Edz gibds im Sebdember di Lebkuung scho
und an Weihnachdn senn dann kaa mehr doo!
Di Osderhoosn wern ab Januar oobuudn,
langsam obber sicher gherd sis verbuudn!

Do drähd di Indusdrie des Johr nu ganz rum
und mir schdenna do und schaua reechd dumm!
Dann is Weihnachdn im Summer und Osdern im
Winder,
do schdeichd ja ieberhaubd kanner mehr derhinder!

Edz soll bloß nu ebber wos soong dergeng,
muss mer si do ned scho gscheid aufreeng?!

Weiberdreff

Heid is Weiberdreff im Schdaddkaffee,
mid Doddn, Kaffee oder Dee.
Do werd gschmarrd und rechd vill badschd,
ob di Nachberi woll nu hadschd.

Wer grod grang is oder gsinder,
nauf und nunder vo di Kinder.
Wer mid wem grod ieberzwerch
und ehm lauder su a Gwerch.

Schbäder genga die Weiber widder weider,
und jeda is a bissla gscheider.
Alle wissen gud Bescheid,
bis nächsdes mol zur gleichn Zeid.

Weihnachds-Sinniererei

An Weihnachdn, do gedd mer ind Kerch
und mergd widder mol, dass mer a Zwerch.
Mer dengd su iebers Leem dann nooch,
ob des a Gligg odder a Blooch.
I fir mi nemms su als Gligg,
wall mid Gwaungsn wersd ja veriggd!

Sinniererd gedd mer langsam hamm
und hoggd si undern Weihnachdsbaam.
Manchmol singd mer a boor Lieder,
schdreggd dann sei marodn Glieder,
lässd si liebevoll beschengn
und dud bloß an wos scheens nu dengn.

Di Erberd, Geld, di ganze Weld
werd edz amol affd Seidn gschdelld.
Des holld an gwieß ball widder ei,
drum solls edz einfach woschd mol sei!
Bloß guud, dass all Johr Weihnachdn is,
sunsd wär des ganze Leem doch aa Beschiss!

Wichdichs Middochessn

Edz horch amol zu, wos gibdsn heid z´Essn?

Allmächd na, des hobbi ganz vergessn!
Vor lauder „lass mi a mied".
Wassd, die Fenster worn su drieb,
do wolld is hald schnell budzn.
Mensch na, i konn mi doch ned derhudzn!

So, und wos demmer edz machen?
Des is fei nemmer zum Lachn!
Edz is scho glei halba zwölfa vobei,
suwos is fei ka Macherei.

Herrschaft, mach doch ned gor su a Gwerch!
Do gesd edz nieber an Schdand zum Gerch,
kaffd uns zwa Gigerli, zwa grillda,
de senn gud und des bassd a.

Noja, des is amol a Idee,
De lassermer grod nu eigee.
Hald amol, und wos gibdsn dann morng?

Glabsd, du hasd villeichd Sorng!

Edz bass amol auf, du du mer fei des Middochessn,
morng ned widder einfach su vergessn!
Gell!!

Jaahaa!

Wunderscheens Frangn

Urlaub, des is hald a Word!
Do fohrn vill Leid a weider fodd,
Manche bleim scho mol dahamm,
wenn des Urlaubsgeld mol widder glamm.

Obber in Deidschland is fei a gscheid schee,
grod mir Frangn kenna des verschdee.
Bo uns do is am allerschennsdn!
Do ieberdreim mer no am wengsdn.

Mir hemm alda Burchn, Boodweiher, glanna Flissli,
Schdeedli mid Fachwergheiser, Margdgenissli.
Karbfnweiher und a guuds Essn,
di guudn Broodwerschd ned zu vergessn!
A mid Kunsd, do kemmer diena:
Sehr guuda und a aff Freilichdbiena.

Urlaub, des is hald a Word!
Mir braung do ieberhaubd ned fodd.
Mir genna fur di Hausdier naus:
Wunderschee, wuhie dasd schausd!
Und wer scho amol in Frangn wor,
der schdimmd mer zu, wall des is wohr!